Avelã pirata

Simone Magno

AVELÃ PIRATA

1ª Edição
POD

Petrópolis
Lunik / KBR
2011

Edição e revisão **KBR**
Editoração **APED**
Imagem da capa **arquivo Google**

Copyright © **2011** *Simone Magno*
Todos os direitos reservados a autora

ISBN: 978-85-64046-68-9

KBR Editora Digital Ltda.
www.kbrdigital.com.br
atendimento@kbrdigital.com.br
24 2222.3491

B869.1 – Poesia brasileira

Simone Magno é carioca, jornalista e escritora. Integrou a coletânea *Brasil--Haiti. 101 histórias. Uma esperança.*, da Garimpo, com seu conto "Voo sobre a cidade". É responsável pelo Tempo de Letras, boletim diário sobre literatura da Rádio CBN, no ar desde maio de 2007. É casada e tem uma filha, Valentina. *Avelã pirata* foi publicado originalmente em 1988. Simone é também autora do livro de minicontos *A lua depois do gravador*.

E-mail da autora: simone.magno@gmail.com

Para minha mãe e Beinha

Sumário

APRESENTAÇÃO • 11

MÚSICA DE MERGULHO • 15
Reflexos e Possibilidades • 17
administro as lembranças • 19
A Imaginação • 21
Cinema • 23
Imagens • 25
Traço • 27
Eva Maria • 29
Sombras • 33
Manhã • 35
Reconstrução • 37
Dança Nua • 39
O Helicóptero • 41
Pelas Fronteiras • 43
Urgente • 45
Sinais • 47
Silvia • 49
Catarse • 51

FLORISTA • 53
I • 55
II • 57
III • 59

DEPOIS DA PELE • 61
tesão azul • **63**
Gata • 65
tua aquarianna predileta • 67
Fotografia • 69
Minissaia sem Calcinha • 71
cohabitation: • 73
Tremor Azul • 75
A Boca Abril • 77
Bandeiroso • 79
Impaciência • 81
Tenho as Coxas Mais Suadas • 83

TRANÇANDO AS AURAS • 85
Ventríloquo de Esperanças • 87
Malinconia • 89
A Segunda Morte • 91

ESCÂNDALOS • 93
Avelã Pirata • 95
História de Um Espírito • 97
Razões • 101
Abacaxi • 103
O Rochedo • 105
Rimas • 109
Around Midnight • 111

Apresentação

Os gestos eram quase nada. Sentada entre um grupo de poetas, na OLAC, lá estava ela, o olhar maroto, uma risada adolescentemente frouxa. De repente, Simone Magno e seu poema, o poema e Simone Magno. Todos fazem silêncio porque secreta era a luz do texto e vertiginoso o trajeto das palavras. Era um escândalo. E Simone tão envergonhada...

Agora, poucos anos depois, ela me entrega os originais de seu livro de estreia, pedindo uma apresentação. Há tempos jurei que não escreveria mais prefácios. Mas aquele olhar maroto, aquele riso especial e, sobretudo, a qualidade do texto, quebraram a "minha estrutura refratária". Viro a página.

Em alguns momentos de *Avelã pirata*, parece que estamos diante de um diário cifrado, de uma economia verbal que se dramatiza em jogo de esconde-esconde ou numa linearidade bastante suspeita. É preciso entender que "o ato de imaginar é o fascínio da incoerência" e registrar o que o sujeito do poema nos revela: "convivo com os monstros que me habitam/ tão secreta". Poucas concessões levam ao referencial particular da autora, apesar do tom confessional permear todo o livro. Mas nada disso anula a fruição do texto, pois os poemas transpiram a emoção do encontro sensível entre as palavras e as sensações extratextuais que as motivaram, transformando-as em fatos líricos.

O texto de Simone é herdeiro direto da Semana de 22 e da produção poética dos anos 1970, mas desta se distancia ao permitir-se, justamente, um "mergulho", a busca do "mito do limite nunca visto", que vai além da proposta centrada no "aqui e agora", da geração anterior. O cotidiano se instala no lugar do texto, sim, mas não há apenas uma poetização do dia-a-dia. Apesar dos flagrantes serem referenciados, ainda, por sua grande aliada — a linguagem coloquial —, Simone trabalha o texto, está atenta aos jogos sonoros, economiza no descartável, transgride com segurança as leis gramaticais e tem, como originalidade e sabedoria maior, a técnica de fazer conviver o coloquial com palavras escolhidas a dedo no território do preciosismo. Coisas do tipo minissaia sem calcinha — "por isso eu te quero assim porreta/ maconha e calcinha na gaveta" —, com coisas do tipo minissaia com lingerie — "os corações apelam pro suor/ essa espessura de viscose/ tinge todos os fáceis estilos".

Frente ao vigor do vocabulário — "vernáculo fértil" ou "entulhos vocabulares?" — fico assaz arrebatada. Malinconia, terçã, dindelicadas, almíscares, turvilíneas, "estas são palavras para se tirar o chapéu!", exclamaria Emily Dickinson. É imenso o repertório. É ler o livro e conferir como Simone trabalha amando a língua, fazendo com que a palavra nasça em aderência à emoção que a moveu. No segmento "Florista", podemos perceber como também a palavra se apaixona por si própria, independentemente de seu significado ou conceito. Girassol, tulipa e antúrio funcionam como *leitmotiv* para uma pequena série de poemas que sondam terrenos profundos.

Outro expediente formal que surpreende é a utilização sempre precisa de um dos mais condenáveis inimigos da poesia moderna, o adjetivo. A começar pelo próprio título do livro, há um desfile de casamentos do maior interesse: "tesão azul/ cântaro indeciso"; "no espelho carmim/ mergulho nessa mágica diáfana". Verso e prosa regem a música do mergulho, florescem, sensualmente amam até depois da pele, choram trançando auras, deliciosamente revelam escândalos. Impossível falar de tudo. Ousei apenas registrar um pouco do que vejo do outro lado do muro.

É hora da "válvula de desligar poderes". "Já conheço todo o texto do agora", "te passo as uvas verdes da sorte". Mas "bom mesmo é dizer: TE ADORO" (*d'après* Simone Magno).

Rita Moutinho
Junho de 1988

MÚSICA DE MERGULHO

*"é que do outro lado do muro tem uma
coisa que eu quero espiar"*

pagu

REFLEXOS E POSSIBILIDADES

a mulher de biquíni atravessa o deserto
leva a camisa na mão
seu estandarte do ponto de depressão
as árvores amedrontadas fogem das folhas
seus caminhos inúteis cinzas
a mulher procura a praia
procura o reflexo no vidro
minha cara fico sorrindo pra você
tão bonita

administro as lembranças

feito teias esmagando porções de verdade de encontro aos círculos do passado. por vezes esquecido.

    as pessoas parecem árvores cristalizadas no imaginário que compõe as lembranças. inócuas porém sinceras.

A IMAGINAÇÃO

o ato de imaginar é o fascínio da incoerência
— silêncio colorido reveste painéis desconexos
música de cítara me transporta na mágica
improvisada
engrenagens subversivas
convivo com os monstros que me habitam
tão secreta

CINEMA

mergulho nessas construções plásticas
fórmulas perfeitas de senhas e ritmos
o mito do limite nunca visto
desejo feito doida esse quadro dodecafônico
mistura de miragem e grito

quando menos descubro seus enigmas
pareço transcender a transparência das mentiras
no canto da tela

tela: representação selvagem de um símbolo

IMAGENS

o espelho não é nada absoluto
meu olhar exclusivo se manifesta sutil
a paisagem entorpecida que vejo
sou eu
com todas as imperfeições na cara
o corpo retorcido e as crises
o olhar que me sobrepõe atravessa a imagem
vê meu choro meu soluço abandonado
minhas seduções delicadas e a manha
presentes de aniversário que coleciono no pranto
o olhar que eu tanto sonho
nunca me embala na superfície imagética
vejo tudo forte e fixo

TRAÇO

tudo azul no postal acinzentado
a placa da esso é o sol estilizado
casas sem porta   saudáveis
o pau-brasil chama atenção
ao lado teu pôster
mulher chic de exportação
tão louçã
faz desenho com tracinho infantil
colore com pincel tom pastel
curvas por todos os lados
sua antropofagia cigana

d'après tarsila

EVA MARIA

totalmente viscoso o tom da voz de eva maria
o som inconsútil
sem destino
com pena de eva maria se despe o longo vestido
o olhar caído
se vê

eva maria é a louca de luto e véu
perambula pelas igrejas
com uma corda partida presa à cintura
dizem — a corda — não sei — parece
eva maria teve sobre si um corpo
um outro corpo sobre si amou
e teve medo — perder — não quis — temeu
amarrou com força a corda

prendeu os corpos — uniu com êxtase
com medo de sair, com medo de morrer
acontece que eva maria se esqueceu
que o ato descontrola os órgãos
e quando afrouxa a corda afrouxa tudo afrouxa
fácil sair sem querer
pela tangente escapar
eva maria não soube

eva maria é louca de luto e véu
perambulando pelas igrejas

eva maria planeja iconografias dos desejos
nem sabe o que é virilidade
estoca toda a coragem num barril
se a estocada final chegar
se esquiva

eva maria usa solução de sangue e éter
diz que cura
que água boricada só nos joelhos resignados
                          dobrados
                                colados ao chão

AVELÃ PIRATA

às vezes se vê
curte o som dum violão
fica sentada horas a fio no bar diante do rio o mar
no cantinho ouve uma vez um violão

eva maria nunca olha por céu
não avisa nem tinge metáforas
não quer viagem
                nem solidão

as horas claras vão passando
imperceptíveis
o sol nos meus cabelos denota o momento do chá
cinco e cinco, eu penso
sorvemos serenas o conteúdo fumegante das
xícaras. crimes
impunes percorrendo as ruas
entre nós apenas a formiga atravessa o degrau
rachado
carregando uma pequena folha

usamos todas as estratégias
as horas nuas sorriem
te passo as uvas verdes da sorte

SOMBRAS

a menina levanta o mar
a ponta
o cão dorme tranquilo
sonho molhado a sombra
o menino não sabe e pensa
que a luz da ametista é quem perfura as águas
rochas ao longe superaquecem o espaço
a menina espia o berro
a pele dele reflete em pedras
conchas alvoradas
a areia colhe as sombras
as sobras dos pequenos anos
lívidos

o menino sabe e não pensa
tudo passa perto e morre
no artifício
a cena no auge da descoberta
o menino menina instala seu caos
contínua força do ego

d'après dali

MANHÃ

estou esperando algum ruído que me distraia
me dê reação
fico profundamente silenciosa
adormecida na própria imagem
estabelecida
assim o sol perfura o vidro da janela
e senta no tapete
me olhando
leio notícias desesperadas
mortes
e que se dane
estou sempre preparada
fico uivando sozinha na cabeceira

pensando nas estrelinhas do teto
que a essa altura se confundem na cor
passo seguidas vezes por um funil
já financio as minhas dores todas
costuradas sem paciência com o fio arrancado
    da toalha puída
se eu mereço desligar o canal não sei
preciso de ar
tanto tempo

RECONSTRUÇÃO

é como se entrasse em desvantagem
todo azul do céu
com a principalidade das cores
sou poliglota de amores, sim!
vãos...
mas nem por isso desacato compromissos
transo o rubor dos almíscares
e dos gestos selvagens
penetro-me nas maçãs
encolho-me nas hortelãs
todo azul que reconstruo
molho o não

DANÇA NUA

magia terçã esse querer infindo
infantil poesia traçada à mão
ele lindo, ela nua
fogem nos sonhos
sempre novos.
os corações apelam pro suor
essa espessura de viscose
tinge todos os fáceis estilos

o querer que agita os corpos
a dança sacramentada
elege

O HELICÓPTERO

na tevê narram as imagens eu vejo sob nossas cabeças tenho medo sempre eu ouço sinto que vai cair agora você corre em câmara lenta ele cai em câmara lenta se espatifa sobre o banco da faculdade há grana tá voando esmigalhando sumindo em câmara lenta você me pega no colo pernas não tenho agora eu sonho o barulho pavoroso planejo um grito mas nada eles gritam nada os estudantes eu sonha e vejo só corro nos seus braços

PELAS FRONTEIRAS

a solidão singela se destaca
na superfície dos arcaísmos tímidos
aquele sotaque soprado
jeito de quem passou antes pela bolívia
fico observando seus gestos necessários:
abre o jornal
procura os pingos do arcondicionado
no longe momentâneo

mas sempre surge alguém quebrando encantos
e me diz: o gabriel não existe

URGENTE

preciso falar com a homeopata unicista
não consigo saber a mentira exata
procurei bancarrota blues com a nana em todas
    as estantes
agora fantoches bizarros me despem
e homens escrotos passeiam vermes
    monumentais

os cafés bem fortes me disfarçam

SINAIS

fico à vontade no centro do círculo
as velas azuis
a natureza viva ou morta e o convívio
gosto de me entrincheirar nesse prazer
na sexta-feira eu já estava de branco
próxima à tua oferenda tentadora
distribuí as cópias que pude
a mala-direta do desassossego
e um dia você vem assim
como alguém que fosse lido sobre o muro
com seus sinais embrulhados
num passado de porcelana

pro manoel carlos

SILVIA

eu podia até ficar por aqui
tecendo comentários fúteis
frases feitas inúteis
podia dizer coisas do tipo
amor não se perde ao dar
coisas do tipo

mas eu nunca me reconheço
prefiro às vezes mergulhar no nada
exorcizar os males
com bebida barata

gosto de olhar pra você
bonita na janela
fico olhando no teu mar azul
teu reflexo
mulher marina teu esverdeado
jaulas se quebrando

já conheço todo o texto do agora
bom mesmo é dizer: TE ADORO!

lá longe o sol forte, espero
vivo assim meio louca no meio do asfalto
torcendo
ilha cerca
a fábula

a hora da válvula de desligar poderes
ideias no meio do ar no mar

CATARSE

faço a reordenação sanguínea:
atravesso atalhos dias mensagens telegráficas
me envolvendo nessas cidades
descobrindo passos alheios
        as meninas insuportáveis futuras jorna-
                listas do irrealismo fútil
      não me consomem mais
prefiro esse prazer mais mórbido
bula de gilete e gim
é tudo que me deixa vítima

procuro nesses conceitos clássicos
os entulhos vocabulares por onde me pareço

c'est tout.

FLORISTA

I

o girassol gira nos meus dedos
espelho de sol
luz amarela ilumina meu rosto
fico volúvel me apaixono
adoro
fogo estúpido

II

a tulipa não me pertence
da glória pra fama
fico intransponível diante do vidro
leio na bolacha marcada
amor sem esperanças
o buquê de tulipas coloridas eu amasso

III

olho o antúrio de longe
tenho medo de planta carnívora
não posso sumir agora
o alvo áspero me excita

DEPOIS DA PELE

tesão azul

cântaro indeciso
dindelicadas flores
turvilíneas
você cantador dos motes blues
no kit-kat da paixão acelerada
sakê na mão e mais
nada

GATA

OLHOS
    te convido a dançar até a morte
    e é tão simples que escandaliza:
    até o peixe sorri no azul do aquário

BOCA
    reconheço todos os teus álibis
    tua âncora
    tua paisagem aborrecida
    no espelho carmim
    mergulho nessa mágica diáfana
    o flash da palavra que improvisa

LUZES
   tudo me faz crer na hesitação inútil que paralisa
   (construo uma imagem no mosaico
   você atravessa o mar
   flores na mão, essência amarela, as algas
   recolhidas da orelha
   vai ficando perigoso)

tua aquarianna predileta

não compete comigo
nem de brincadeira
apesar de toda a coadjuvância
impera o escândalo

escândalo é que nem fetiche
rasga tudo
exala forte
e limpa

a barriga profana é tudo.

FOTOGRAFIA

é como se fosse uma fotografia e os móveis distribuídos simetricamente prestassem aos nosso olhos a falta do luar boa noite galo de briga colar de pérolas sobre a mesinha de centro e eu te amo eu rio à toa porque minha alucinação permite que eu chore são emoções diversas. você demorou mais veio e eu agradeci finalmente pedi um beijo você caprichou pedi um aperto você tirou a roupa a tua roupa eu tirei a minha vida pra você compreender briga por debaixo leblon que eu pressenti confusão mas não era com ela não. na cama tudo se resolve você tira o cercado e abre o vinho com o alfinete eu gosto da tua entonação eu falo baixinho que

quero você eu grito que amo você eu não deixo
você dormir eu faço cosquinha e te levo pra lá
dimanhã o progresso subitamente! despertar

MINISSAIA SEM CALCINHA

sou uma mulher muito solicitada
meu telefone toca o dia todo
e no entanto
eu tô só
feito coruja no meio da noite
e no entanto
nessa vida
nada me basta
sou uma mulher, digamos,
insaciável
furo filas
peço caronas
teço comentários

uso minissaias sem calcinhas
misturo no corpo
cheiros de hidratante com desodorante
perfume de maçã com sabonete de morango
misturo tudo
e continuo impermeável
ao teu sexo.

cohabitation:

pequenas contribuições diárias
o sal e o açúcar dosados
parece que a felicidade existe
quem sempre se fez prudente
procura âncoras de acrílico no armário

TREMOR AZUL

abro as pernas com vontade
feito bicho parindo ao acaso
vomitando sangue
o vento que me colhe
não me devora mais
deturpo suas gafes no meio da rua
o tremor azul não continua
habita o vernáculo fértil

do teu peito às vezes sai um monstro de olho de
    vidro
e eu fico nadando nos vértices mais flexíveis
da tua sala

caso de vida ou morte
quero te trancar do lado de fora
te tirar da memória
agora
não sei se rogo praga
ou imploro

A BOCA ABRIL

> *"o figo não é uma fruta, mas uma flor que abre para dentro"*
> caio fernando abreu

a boca abril
e a gata comeu
na avidez da noite
novos beijos
os prazeres fascinantes do sim

a chuva traz a miragem contínua
a folha do medo, o fruto maduro

na hora do caos
uma boca de ameixa
uma língua de figo maduro
descobrem
o doce fatal
a flor abre pra dentro
a ameixa do tormento
engole
elétrica luz

a boca abril:
— ameixa, figo.

BANDEIROSO

vou já já fincar nosso mastro
minha bandeira da paixão já
tuas bandeiras todas ela não quer
eu te poluo e tudo se torna tão
confuso
minha pretensão só medo
eu quero e não quero
você entende como quer no ar
meu

IMPACIÊNCIA

você fica me olhando assim
telefonando
essa paisagem que te envolve
te arrebenta o semblante
cai a tarde
e os nosso ossos não ardem mais
você se esconde em teias
me captura nas aldeias sombrias
desse jeito, sem bicicleta
tua escada é a minha meta
meus sofás, depois
na reta

amor vagabundo o nosso
ódio infindo
melodrama de amor
maldito cínico
que me envolve

TENHO AS COXAS MAIS SUADAS

tenho as coxas mais suadas deste planeta
um raio não me intimida nunca
no meio do mundo eu rio de tudo
poses flácidas pressinto receios alhures
você gosta assim
amor! nossa ficha telefônica no fim
meu esgotamento nervoso produz o voo secreto
a asa colorida que eu tenho e temo
você quem quis assim
assaz mulata à mesa do botequim
paixão passional boemia de cristal
a lua óbvia lá for a mas é linda e eu olho
eu também só danço samba se for com você

TRANÇANDO AS AURAS

*"há tantas coisas ainda para serem amadas que —
seguramente - nenhuma perda será a última"*
albert camus

pro sandro

VENTRÍLOQUO DE ESPERANÇAS

nem toda a verdade
poderia incandescer
tua magia de poeta
tua precisão de força
sabedoria extrema
pode ser que tenha a ver
— palavras férteis
podem sentir a grandiosidade
de ventríloquo de esperanças
e flores

MALINCONIA

    preciso ver teu mergulho iluminado
    tua estrutura bucólica bonita
    passeando
    a aura agora te segue no infinito
    (teu encontro
    medo da vida incontrolável)
    tua lembrança

A SEGUNDA MORTE

a morte recolhe os seres no auge de suas
    fragilidades
domina o momentâneo da preguiça
a morte enguiça navios
os casos se quebram em torres
nunca me esqueço da procissão silenciosa
as faixas significativas banhadas no óleo
aqueles olhares esguios,
              trêmulos
na porta do precipício
pé sobre a aragem divina em anos-luz
minhas divisões nunca se entendem
corro e me estendo

meu raciocínio voa fugidio em fotografias
lembranças de rotinas
choro porque não consigo
           — também sou fraca
minha estrutura refratária um dia se parte
o outro lado

ESCÂNDALOS

AVELÃ PIRATA

alucinação súbita do saber
coragem abrir os olhos
ver imagem-irmã
todo caráter ambíguo dizer não
pra que permanecer?
melhor se drogar no êxtase
esquecer
cenas dramas só valem na teletevê
posso saber de tudo
dormir no meio da gélida luz

no entanto enlouquecer
pensar pode solucionar
gostar de sofrer
não se importar em confiar
fiar enfiar o caco de vidro

HISTÓRIA DE UM ESPÍRITO

e de repente eu me vi por ali mais ou menos no meio da noite flutuando e resolvendo problemas de matemática. não sei se de vez em quando acontece essa coisa estúpida de querer que tudo fosse um pouco mais lógico. pra falar a verdade nem eu mesmo sei porque nessa noite nessa noite mesmo eu cismei que tinha de continuar e apesar de todos os pactos sempre propostos eu acabo me entregando a esse vício de me magoar. eu sinto que continuo no baile dessa alucinação mas todo o espírito me carrega ao contrário eu finjo que aconteço e eu tardo mas não falho. você é muito diferente e a cada dia que passa eu te procuro mais. é a saudade que me move? eu sei que sempre acontece de parar o maior bode mas e daí? eu quero é mais e dane-se essa lembrança divina. eu quero é jogar preto no branco. não tenho medo de nada mãe pai repressão extermínio overdose cárcere do infortúnio. essa estupenda ideia de massa real. às vezes eu sinto como se ontem fosse hoje e o hoje que estivesse sendo agora fosse o amanhã que não será mas que ouve melhor. você é meu caminho meu vinho meu vício e desde o início eu te censurei. mas você sua sacana você é uma cobra gosmenta que me entrega logo eu aqui com esse sorriso nos lábios entreabertos essa cara pálida esses olhos rubro-negros saltitantes. por um instante pensei que fosse o verbo batendo à porta, não sei de nada sob o sol que possa compartilhar desse meu irrisório devaneio é o cúmplice momento de acender a ponta do seio eu queria tanto que você me ligasse não sei bem se pelo telefone ou pela tomada não sei o prejuízo é incalculável mas você bem que podia esquecer. eu já tô achando tudo meio perigoso à beça e já não há pressa porque sair. o bonde do zodíaco me pegou ferozmente e aqui na lama podre ninguém me ajuda a subir um pouco. esquina maldita me deixou louco de amores profundos heroicos lances me deixa esquecer. eu quis enriquecer e foi um absurdo mas esse som me faz intacta você me domina eu não sei qualé queria tomar providências. minha mãe diz no caso de emergência procurar o tio rui que rui mãe? eu preciso é de uma glicose ou de uma overdose com cheiro de mato eu quero mais é despencar lá do alto da cobertura porque eu não entendo e você vem me segura me tira a roupa eu acho imperfeito mas conheço outro remédio pra beleza dessa vida vem me demonstrar um pouco de perigo porque eu preciso sair desse bode me livrar dessa cara me deixar passar por uma odalisca rara eu tô querendo rir ou fazer xixi não sei eu vou beber quero cair quero rolar sete vezes porque eu vou levar tudo comigo o jimi na vitrola.

RAZÕES

tua beleza extravagante discorda dos teus
    horários
teus buracos nos cabelos
meus buracos por entre os meus pelos
desafiam a eletricidade dos poderes exóticos.
o trânsito se instaura após o sol do domingo
rios de moleza, destino que não míngua
só por querer ser da tua sobrevivência.
por isso eu te quero assim porreta
maconha e calcinha na gaveta
nem quando eu preciso pensar nos atos

eu discordo dos teus períodos
tua poderosa excentricidade me diz
é agora.

ABACAXI

nas duas faces do papel
verter
a emoção abdominal
dobra do papel, pó acidental
mina de escrúpulos cristalinos
mistura dos sentidos se quebra
no auge
uma boa mágica
a fraude

quero muito pó e muita serpentina.

O ROCHEDO

esperei por tudo me antecipei comprei o bilhete certo em busca da tua diversão sinistra, monstros não mais nem coisas que derretem não é sorvete. você é calmo quando me escolhe e me leva pro parque aquele sol! tudo escorrendo e dando meio na correnteza etérea. arrumamos o espaço assim: milimetricamente conforme os manuais. como viajar completamente. me dispo da saída vermelha e penetro no teu surrealismo feliz. à sombra a cerveja as fitas o chocolate vira milk-shake poça de proteínas. fico corajosa mergulho nem quero saber me divirto — mereço as ondas todas que me exorcizam me jogam espuma na cara gotículas exclusivas de reflexo de vitórias. fico feliz fugindo dos peixinhos pulantes me emaranhando nos buracos splash nas ondas brinco danço na areia me sinto louca e é assim quando a música acabar apague as luzes pra mim. fico meio divertida enchendo a cara de patrocínios caminho na areia com a mochila a toalha os chinelos os pés não saem da água que brilha e você que fabrica a música e carrega a sombra que acabou. é o sol agora forever. a água do mar divide a paisagem em cores exóticas — lá é a calmaria o córrego o verde que forma a bacia e lidera o colar de vestígios verde musgo as casas bonitas se sobrepondo no êxtase de brincar — o outro lado é o meu é tão azul marinho e azul acinzentado e lá longe é azul cobalto aqui no rochedo é azul turquesa transparente fico vendo a água que soca a pedra cheia de limo de folhinhas verdes e conchinhas coloridas o mar bate com força parece que quer subir não consegue aí recua e volta com força total. aquela espuma que penetra o vento o rochedo me engole me pede. o céu me oferece seus riscos suas cores soberanas o sol e a lua duelando pelo papel, de um lado a lua vai invadindo territórios apenas com um terço que brilha branca e outros dois de penugem sombreada agora vejo o contorno real. a lua oferece o azul celeste as estrelinhas miúdas milhares vão tomando conta do espaço. o sol reluta não cede busca ainda um lugar por detrás da nuvem lança seus raios dourados pelas frestas e vem no abre-alas com a força de um azul bem claro de céu se desmanchando no rosa que cobre uma montanha e se desdobra em tons ácidos de lilás. fico descobrindo as cores torcendo pelos cristais de purpurina na areia quero levar mas não posso tenho faróis inteiros pela frente. seguro o tempo que entendo e penduro tudo correndo numa fotografia molhada.

RIMAS

ouço barulhos por toda a parte
mas não vou escrever cartilhas de ilusões
só quero saber de esconder os detalhes
retalhos, atalhos e trilhas
rasgar os espartilhos
espalhar os vidrilhos, as migalhas
pensar em queimar o bagulho só
esquecer o filho, falha
tingir os ladrilhos de roxo
quero parar tanta coisa

virar tanta mesa
encolher as sapatilhas
maravilhas do coração
como um mergulho
fora dos entulhos da coerência
escolher melhor as folhas da decadência
agulha, é agora, valha-me!

AROUND MIDNIGHT

    por volta da meia-noite fechei todas as portas acendi as luzes vedei os ralos os lixos os gritos andei pela casa desesperada cometi desenganos
    por volta da meia-noite acabei com as ilusões voltei bebi pelos gargalos os detritos os cheiros me invadindo me senti tão fria e desigual cerrei cortinas acabei cedendo me entregando me atirando no incêndio
    por volta da meia-noite sequei os copos liguei o botão da vitrola da tevê do vídeo do gim me em-

briaguei de maresia revirei fotografias te vi partindo e sempre

    por volta da meia-noite me deitei de bruços me descarreguei no colo desandei a me despentear te esperar nos inúteis sons invernais e nua me despi mais e atrás senti teu gosto teu arrepio em vão

    por volta da meia-noite liguei o carro e apodreci

Esta obra foi composta em Minion 11/13,1.
Impressa com miolo em offset 75g e capa em cartão 250g,
por Createspace/ Amazon.

www.ingramcontent.com/pod-product-compliance
Lightning Source LLC
Chambersburg PA
CBHW071259040426
42444CB00009B/1789